LIVRE DE RECETTES BURGER

50 délicieuses recettes de hamburgers

Chanel **Dubois**

Tous les droits sont réservés.

Avertissement

TABLE DES MATIÈRES

INTRODUCTION

Dès qu'on parle de restauration rapide, on diabolise rapidement ce type d'aliment et lorsque l'on est au régime, on déconseille fortement d'en consommer car les calories explosent dans ce type d'aliment.

Mais vous vous dites: "mais il y a du coca light, des salades, même du poisson". Alors c'est quoi? Peut-on concilier hamburgers et régime? Couchette & Bikini a décidé de faire taire certaines idées reçues.

COMPOSITION D'UN HAMBURGER

Contrairement à ce que l'on pourrait penser, ce n'est pas le fameux hamburger qui fait grossir, loin s'en faut mais au contraire les sauces que l'on peut ajouter, les grandes quantités de frites et surtout la rapidité avec laquelle on mange.

Pour être plus précis, le hamburger est composé de la manière suivante: du pain, de la viande, de la sauce et quelques petits légumes coincés entre des oignons, du bacon (parfois) et d'autres aliments qui ne sont pas toujours très légers.

À première vue, ce produit de consommation ressemble à une véritable bombe calorique. Mais comme la pizza, elle ne vous rend pas aussi gras que vous pourriez le penser, tout dépend de ce que vous y mettez et de ce que vous mangez.

LES RÈGLES POUR UN BON BURGER

Tout d'abord, sachez qu'il est possible de faire son propre hamburger et de respecter certaines règles.

En effet, il est plus conseillé de faire votre propre hamburger car vous savez exactement ce qu'il y a à l'intérieur et les quantités. Si possible, ne mangez pas votre burger avec des frites, conservez-les pour un autre repas à base de viande maigre ou de poisson par exemple.

N'hésitez pas à incorporer de la viande maigre, du poulet ou un steak haché 5% de matière grasse.

Enfin, mangez lentement pour que le corps assimile la nourriture et que la sensation de satiété soit présente. Mangez un hamburger le midi plutôt que le soir si possible pour une meilleure digestion.

FAITES VOTRE PROPRE BURGER

Pour optimiser les effets de votre alimentation, vous pouvez faire votre propre hamburger. Voici un exemple de recette:

Choisissez de la viande avec 5% de matières grasses au lieu de 15% et vous gagnerez l'équivalent d'une cuillère à soupe d'huile. Achetez des steaks surgelés et biologiques si possible.

Essayez d'incorporer des légumes grillés comme des morceaux de poivrons ou des tranches d'aubergine ou de petits morceaux de tomates cerises. Les herbes aromatiques ont toujours leur effet: le persil, la ciboulette, les échalotes, le basilic apporteront des antioxydants naturels.

Pour la salade, prenez plutôt de la laitue d'agneau riche en oméga-3, des bébés épinards ou de la roquette au lieu de la laitue grasse traditionnelle.

Pour la sauce, contrairement aux idées reçues, le ketchup est recommandé (surtout s'il ne contient pas de matière grasse, à voir sur son étiquette) mais la meilleure sauce d'un point de vue nutritionnel est la sauce salsa.

Pour le pain: privilégiez les pains aux céréales, les pains complets mais surtout pas le pain blanc qui a un indice glycémique élevé et qui ne rassasie pas.

Enfin, si possible, évitez les frites qui sont le principal apport en matières grasses et privilégiez les légumes.

BURGER PATTIES

Portions: 4

INGRÉDIENTS

- 500 G Bœuf haché
- 1 TL   sel
- 0,5 TL poivre
- 1 TL   sel assaisonné
- 0,5 TL Granules d'ail
- 0,5 TL Granules d'oignon
- 2 Spr Tabasco

PRÉPARATION

Mettez le bœuf haché avec du sel, du poivre, du sel aux herbes, des granules d'ail, des granules d'oignon et du Tabasco dans un bol et pétrissez bien - de préférence avec les mains humides ou avec un mélangeur avec un crochet pétrisseur.

9

Ensuite, laissez reposer la pâte à viande pendant 15 bonnes minutes.

Ensuite, formez des galettes avec vos mains - assurez-vous de ne pas appuyer trop fort sur les galettes avec vos mains pour qu'elles ne deviennent pas trop fermes lors de la friture.

Enfin, faites revenir les galettes dans une poêle avec un peu d'huile en les retournant plusieurs fois avec une spatule.

HAMBURGER AU FROMAGE FONDU

Portions: 4

INGRÉDIENTS

- 1 Schb Pain sans croûte
- 1 pc   Oignons, hachés grossièrement
- 1 pc   Oignon émincé
- 1 TL   sel
- 0,5 TL poivre noir fraichement moulu
- 2 TL   thym frais ou marjolaine
- 2 cuillères à soupe   Sauce Worcestershire ou sauce à steak
- 500 G viande de bœuf maigre
- 1 cuillère à soupe   huile d'olive
- 4 pièces   Rouleaux de hamburger ou 4 rouleaux

- 1 prix Farine
- 125 G cheddar mûr, tranché

PRÉPARATION

Humidifiez le pain avec de l'eau, pressez-le et émiettez-le dans un bol. Mélanger avec l'oignon haché, le sel et le poivre, le thym ou la marjolaine, la sauce Worcestershire et la viande hachée en une pâte lisse, diviser en 4 portions et former des galettes plates avec les mains farinées.

Faire frire les tranches d'oignon dans l'huile chauffée jusqu'à ce qu'elles soient dorées et réserver au chaud. Couper des morceaux de baguette ou des petits pains ouverts et faire griller ou griller. Faites frire les hamburgers sur le gril ou dans la poêle jusqu'à ce qu'ils soient dorés à l'intérieur et croustillants à l'extérieur.

Répartir les rondelles d'oignon dans 4 moitiés de la baguette, déposer les hamburgers dessus et recouvrir de fromage. Placer sous la grille chaude jusqu'à ce que le fromage fonde et placer les autres moitiés de pain sur le dessus.

BURGERS AUTO-FABRIQUÉS

Portions: 4

INGRÉDIENTS

- 4 pièces   Petits pains à hamburger
- 600 G Bœuf haché
- 1 pc   oignon
- 4 cuillères à soupe   huile
- 1 prix sel et poivre
- 1 pc   Oeuf
- 2 cuillères à soupe   moutarde
- 4 Schb   fromage

PRÉPARATION

Épluchez d'abord l'oignon et coupez-le en petits dés.
Ajouter la viande et assaisonner avec beaucoup de sel
et de poivre. Incorporer un peu de moutarde et l'œuf
et bien pétrir le tout.

Ensuite, coupez les pains à hamburger et mettez-les au four à 150 degrés.

Faites chauffer un peu d'huile, formez des pains de viande et faites-les frire dans l'huile des deux côtés. Après environ cinq minutes, déposez une tranche de fromage sur chaque pain de viande et laissez fondre. Baissez un peu le feu.

Maintenant, sortez les pains à hamburger du four et placez un morceau de viande dans chacun d'eux. Garnir de tomates, de laitue et de sauce selon le goût.

BURGER AU FROMAGE

Portions: 4

INGRÉDIENTS

- 500 G Bœuf haché
- 1 pc   oignon
- 1 cuillère à soupe   chutney de tomates
- 1 prix sel
- 1 prix poivre
- 4 pièces   Petit pain
- 1 pc   Cornichon
- 4 pièces   Fromage fondu
- 1 pc   tomate
- 2 cuillères à soupe   huile

PRÉPARATION

Hachez finement l'oignon avec le bœuf haché, le chutney de tomates, le sel et le poivre, mélangez et formez des galettes.

Faites frire les galettes dans l'huile pendant 6 à 8 minutes.

Couper en deux les petits pains (ou hamburgers) dans le sens de la longueur, évider un peu. Coupez la tomate et le cornichon en tranches. Placez les galettes finies dans les rouleaux et placez une tranche de tomate et une tranche de concombre mariné et le fromage fondu sur le dessus.

Mettez le tout dans le four préchauffé jusqu'à ce que le fromage commence à fondre.

BURGER VÉGÉTARIEN

Portions: 8

INGRÉDIENTS

- 2 pièces   Des œufs
- 4 pièces   Pommes de terre
- 2 pièces   Betteraves jaunes
- 1 pc   concombre
- 100G   gruau
- 3 pièces   Carottes
- 200 G Chapelure
- 8 pièces   Petits pains (ou pain burger)
- 3 pièces   Tiges de céleri
- 1 pc   oignon
- 2 cuillères à soupe   huile
- 1 prix Graine de carvi
- 1 prix poivre
- 1 prix sel

raffiner

- 1 cuillère à soupe   Ketchup et mayonnaise

PRÉPARATION

Lavez les carottes et les betteraves jaunes, épluchez les pommes de terre et râpez le tout grossièrement. Hachez le céleri en petits morceaux.

Rôtir l'oignon haché avec de la chapelure.

Mélanger avec les légumes râpés, les œufs et les flocons d'avoine. Assaisonner au goût avec les épices et former des galettes avec vos mains.

Faites chauffer l'huile dans une poêle et faites frire les galettes à feu doux en les retournant plusieurs fois.

Couper le petit pain en deux, garnir d'un ou deux pains et garnir de tomates, concombre, laitue, ketchup et mayonnaise au goût.

PAIN BURGER MAISON

Portions: 6

INGRÉDIENTS

- 500 G farine de blé
- 1 TL   sel
- 0,5 TL Farine de malt d'orge
- 0,5 TL Sucre (brun)
- 30 G   Beurre (doux)
- 1 paquet   Levure sèche
- 200 ml l'eau
- 120 ml Lait (frais)

PRÉPARATION

Nous commençons par pétrir lentement tous les ingrédients en une pâte. Si la pâte commence lentement à devenir une masse uniforme, c'est-à-dire que les ingrédients sont bien mélangés, vous pouvez pétrir plus fermement pendant encore cinq minutes.

Couvrir et laisser reposer la pâte finie pendant 20 minutes. Ensuite, il peut être divisé en six portions sur une surface de travail avec de la farine. Ceux-ci sont façonnés en rouleaux ronds.

Si vous aimez vos pains à hamburger aux graines de sésame, vous pouvez badigeonner un côté avec de l'eau et les rouler dans des graines de sésame. Ensuite, laissez reposer pendant une demi-heure et couvrez d'un chiffon humide.

Le four est quant à lui préchauffé à l'air chaud à 205 ° C et une plaque à pâtisserie est préparée avec du papier sulfurisé. Avant que les pains à hamburger ne passent au four, mettez-y un bol avec beaucoup d'eau.

Maintenant, le pain burger est cuit au four jaune doré pendant environ 20 minutes. Il est préférable de les laisser refroidir sur une grille.

Burger aux pois chiches

Portions: 4

INGRÉDIENTS

- 200 G Pois chiches
- 1 pc   oignon
- 2 pièces   Des œufs
- 199 G Chapelure
- 150 G Rempotage
- 1 pc   gousse d'ail
- 3 cuillères à soupe   persil
- 1 cuillère à soupe   Romarin
- 1 prix sel
- 1 prix poivre
- 3 cuillères à soupe   huile d'olive

PRÉPARATION

Faites cuire les pois chiches marinés pendant quelques minutes, puis faites-les griller brièvement dans une poêle avec de l'huile d'olive. Rôtir l'oignon finement haché et l'ail finement haché aussi brièvement.

Les pois chiches sont ensuite mélangés dans un bol avec les œufs, le fromage blanc et l'huile d'olive. Puis réduire en purée avec le mélangeur.

Ajoutez maintenant la chapelure, l'ail et l'oignon. Affiner avec le romarin et le persil. Enfin assaisonner de sel et de poivre et façonner le mélange en pains.

Faites frire soigneusement les galettes des deux côtés dans une poêle avec de l'huile d'olive.

BURGER GÉANT AVEC TOUS LES EXTRAS

Portions: 6

INGRÉDIENTS

- 750 G boeuf maigre
- 1 pc   Oignon, haché finement
- 1 pc   Oeuf
- 80 G   chapelure fraîche
- 2 cuillères à soupe   Pâte de tomate
- 1 cuillère à soupe   Sauce worcester
- 2 cuillères à soupe   persil fraîchement haché
- 1 prix sel
- 1 prix poivre grossièrement moulu
- 3 pièces   gros oignons
- 30 G   beurre
- 6 Schb   Fromage cheddar

- 6 pièces   Des œufs
- 6 Schb   Lard
- 6 pièces   Petits pains à hamburger, grillés
- 2 pièces   Tomates, tranchées finement
- 6 Schb   betteraves
- 1 prix ketchup aux tomates
- 6 pièces   Anneaux d'ananas, égouttés

PRÉPARATION

Mélanger la viande hachée, les oignons, les œufs, la chapelure et la pâte de tomate, la sauce Worcester, le persil, le sel et le poivre dans un grand bol. Pétrissez bien à la main.

Divisez le mélange en 6 portions égales. Façonnez chaque portion en galettes de viande d'environ 1,5 cm d'épaisseur. Couvrir et réserver. Faites-y revenir les oignons en les retournant fréquemment jusqu'à ce qu'ils soient bien dorés. Poussez les oignons jusqu'au bord de la lèchefrite et graissez la lèchefrite - ou ici aussi la grille.

Griller les galettes de viande de 3 à 4 minutes de chaque côté jusqu'à ce qu'elles soient dorées et bien cuites. Déplacez-vous dans un endroit plus frais sur le gril ou placez-le chaud sur une assiette. Placez une tranche de fromage sur chaque pain de viande. Faites frire les œufs et le bacon dans le beurre jusqu'à ce qu'ils soient dorés. Retirez le poêle.

Pour les hamburgers - Placez les moitiés inférieures de pain grillé sur une assiette chacune. Disposer la laitue, les tomates, les betteraves (prêtes à cuire) et l'ananas sur le dessus. Déposer les galettes hachées grillées sur le dessus et garnir d'oignons frits, d'oeuf au plat, de bacon et de ketchup aux tomates. Placez les moitiés restantes du pain sur le dessus.

PATTIES DE BURGER FRITES

Se

Portions: 4

INGRÉDIENTS

- 800 G Bœuf haché
- 1 cuillère à soupe   Sauce worcester
- 1 TL   sel assaisonné
- 0,5 TL poivre noir fraîchement râpé
- 1 cuillère à soupe   huile de friture

PRÉPARATION

Mélangez bien la viande hachée avec le sel, le poivre et la sauce Worcestershire. Divisez la viande hachée en 4 parties égales et formez-en des galettes plates.

Mettez l'huile dans une poêle antiadhésive, mettez les pains et faites-les frire des deux côtés. Égoutter sur du papier absorbant.

BURGER DE RIZ

Portions: 4

INGRÉDIENTS

- 300 GRAMMES   Riz risotto
- 1 prix sel
- 1 prix poivre
- 750 ml soupe aux légumes
- 2 pièces   Des œufs
- 30 G   Fromage râpé
- 4 cuillères à soupe   herbes de Provence
- 4 cuillères à soupe   huile d'olive

Pour servir

- 4 pièces   Pain burger

PRÉPARATION

Tout d'abord, l'oignon doit être pelé et finement haché. Faites-les ensuite frire dans une poêle avec un peu d'huile d'olive jusqu'à ce qu'elles soient translucides.

Ajoutez maintenant le riz et faites-le griller brièvement. Ajoutez ensuite la soupe aux légumes et faites cuire environ 20 minutes - n'oubliez pas de remuer.

Mettez ensuite le riz refroidi dans un bol et mélangez avec le fromage râpé, les œufs et les herbes de Provence.

Assaisonner de sel et de poivre puis façonner en pains. Les galettes sont ensuite frites dans une poêle avec un peu d'huile d'olive des deux côtés pendant environ 5 minutes.

Placez les hamburgers de riz dans des mini-burgers faits maison et servez.

SLOPPY JOES

Portions: 4

INGRÉDIENTS

- 6 cuillères à café de sauce chili
- 500 g de tofu ferme
- 6 cuillères à café de ketchup
- 1 cuillère à café d'huile végétale

pour la casserole

- 0,5 cuillère à café de sel
- 1 pièce de paprika, vert
- 1 oignon moyen
- 1 prix de poivre
- 4 petits pains à hamburger

PRÉPARATION

Pour ce faire, épluchez et hachez finement les oignons, lavez les poivrons verts, retirez la tige, le cœur et coupez-les tout aussi finement.

Faites maintenant chauffer l'huile dans une grande poêle à feu moyen et faites revenir l'oignon finement haché et les morceaux de poivron pendant environ 5 minutes - en remuant de temps en temps.

Hachez le tofu et ajoutez-le à la poêle - faites-le frire encore 15 minutes, jusqu'à ce que le tofu soit presque trop cuit.

Ajoutez maintenant le ketchup (ou une sauce tomate maison), la sauce chili, le sel et le poivre et faites cuire à feu doux jusqu'à ce que le mélange soit bien chaud. Si nécessaire, ajoutez un peu d'eau si le mélange est encore trop sec.

Faites légèrement frire les pains à hamburger coupés en deux côté coupé (de préférence directement dans la poêle ou sur un grille-pain) et étalez la sauce au tofu sur le dessus avec une cuillère.

CHEESEBURGER AU POULET

Portions: 3

INGRÉDIENTS

- 1 pc   gros oignon, haché finement
- 750 G Poulet en purée
- 1 TL   Épice de paprika
- 1 TL   Piment, haché
- 60 G   chapelure fraîche
- 90 G   crème aigre
- 2 cuillères à soupe   thym citron frais, haché
- 90 G   Fromage cheddar
- 30 G   beurre
- 1 prix sel
- 1 prix poivre
- 1 pc   Gousses d'ail écrasées
- 6 Stg   chignon
- 6 pièces   Feuilles de laitue pour la garniture

- 2 pièces   Tomates, pour la garniture
- 6 pièces   Cornichons pour la garniture
- 0,25 crème sure pour la garniture
- 8 TL   Sauce chili pour la garniture

PRÉPARATION

Faites chauffer un peu d'huile dans une poêle. Ajouter l'oignon et faire revenir jusqu'à ce qu'il soit doré à feu moyen. Égoutter l'oignon sur du papier absorbant et laisser refroidir brièvement.

Dans un grand bol, pétrissez l'oignon, la purée de poulet, le paprika, le piment, la chapelure, la crème sure, le thym citron ou la ciboulette et un peu de sel et de poivre noir fraîchement moulu avec vos mains. Divisez le mélange en 6 portions égales et façonnez en boulettes de viande rondes. Coupez le fromage en 6 morceaux et appuyez sur 1 morceau au centre de chaque boulette de viande. Refermer la boulette de viande dessus.

Faites chauffer le beurre et 1 cuillère à soupe d'huile dans une grande poêle. Ajoutez l'ail. Lorsque le mélange mousse, ajoutez les boulettes de viande et appuyez légèrement avec une cuillère ou une spatule. Faire frire de chaque côté pendant 2-3 minutes à feu moyen jusqu'à ce que les boulettes de viande soient dorées et que le fromage ait fondu.

Couper les petits pains en deux, les rôtir et, si désiré, les badigeonner d'un peu de beurre. Mettez de la laitue, des tomates, une rissole de poulet, de la crème sure,

des cornichons et de la sauce chili sur chaque moitié du
pain.

BURGER PATTIES

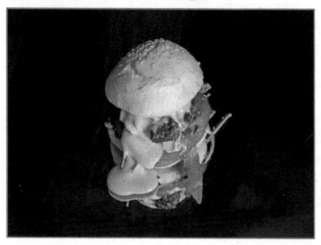

Portions: 8

INGRÉDIENTS

- 500 G Boeuf (par exemple, épaule, rosbif ou E
- 1 TL sauce Worcestershire
- 1 TL Moutarde d'Estragon
- 1 pc Échalote (petite)
- 1 pc le Chili
- 2 TL sel

pour la sauce cocktail

- 1 pc Oeuf
- 150 ml L'huile de maïs
- 1 TL Moutarde d'Estragon
- 1 prix Citrons, zeste (râpé)
- 1 TL Jus de citron
- 2 cuillères à soupe Cognac

- 4 cuillères à soupe   Ketchup
- 1 TL   sauce soja
- 0,5 TL sel
- 1 prix Poivre noir)

pour le burger

- 1 cuillère à soupe   Huile d'olive pour la friture
- 4 cuillères à soupe   sauce aux huîtres
- 8 pièces   Petits pains à hamburger
- 1 prix Poivre noir)
- 8 Bl   Laitue iceberg
- 3 pièces   tomates
- 8 pièces   Brochettes de bois

PRÉPARATION

Pour la sauce cocktail: mettez l'œuf et l'huile dans un grand récipient. Utilisez le mixeur plongeant pour faire une mayonnaise. Ajoutez le reste des ingrédients et mélangez à nouveau. Assaisonner au goût, poivrer.

Pour les galettes de burger: Coupez le bœuf en cubes. Faites refroidir la viande. Assemblez le hachoir à viande avec le disque central perforé. Viande hachée. Hachez l'échalote. Mélangez tous les ingrédients brièvement et ne pétrissez pas trop vigoureusement. Façonnez le mélange en galettes de burger de la taille des pains à hamburger.

Coupez ensuite les pains à hamburger en deux et faites-les griller dans une poêle sur la surface coupée sans huile. Gardez les petits pains au chaud au four à 50 ° C d'air chaud. Cueillir les feuilles de laitue, couper les tomates en tranches.

Faites chauffer l'huile dans une poêle. Faites frire les hamburgers des deux côtés à feu moyen. Après avoir retourné, verser la sauce aux huîtres et faire caraméliser. Poivrez les galettes à la fin.

Placez une feuille de laitue et une tranche de tomate sur les pains à hamburger. Placer la viande chaude sur le dessus, verser la sauce cocktail dessus. Placez le couvercle sur le dessus et fixez-le avec une brochette en bois. Sers immédiatement.

BURGER VÉGÉTARIEN

Portions: 4

INGRÉDIENTS

- 1 boîte Haricots rouges
- 2 pièces   carotte
- 0,5 TL poivre de Cayenne
- 0,5 TL sel
- 0,5 TL poivre
- 1 cuillère à soupe   Farine
- 0,25 TL   Cumin en poudre
- 2 cuillères à soupe   Persil haché
- 0,5 TL Zeste de citron, râpé
- 1 pc   Tomates
- 1 pc   Concombre, environ 7 cm
- 80 G   Feta
- 3 cuillères à soupe   huile
- 4 pièces   Pain burger

- 2 cuillères à soupe   Ketchup

PRÉPARATION

Égouttez les haricots rouges dans le tamis et mettez-les dans le mélangeur. Grattez les carottes et coupez-les en gros morceaux, lavez le persil, cueillez les feuilles et mettez au mixeur avec les épices, le zeste de citron et la farine. Assaisonnez bien de sel et de poivre, puis mélangez le tout en petits morceaux.

Humidifiez vos mains et formez 4 boules de taille égale à partir du mélange de légumes et pressez-les à plat avec la paume de votre main.

Faites chauffer l'huile dans une poêle et faites revenir les galettes de légumes environ 5 minutes de chaque côté.

Pendant ce temps, coupez les tomates et le fromage feta en fines tranches. Lavez le concombre et coupez-le en tranches. Coupez les petits pains et badigeonnez chaque côté de ketchup. Placez les tranches de feta sur la moitié inférieure. Déposer les galettes de légumes sur le dessus, puis étendre les tranches de concombre et de tomate sur le dessus. Couvrir avec la moitié supérieure du pain.

CHIVITO

Portions: 2

INGRÉDIENTS

- 2 pièces   Rouleaux de sandwich
- 200 G Filet de boeuf
- 2 Schb   jambon cuit
- 2 Schb   Mozzarella
- 2 pièces   Oignon (petit)
- 4 Schb   tomates
- 2 Bl   Lollo Bianco
- 4 Schb   lard
- 3 TL   Sucre (brun)
- 2 TL   Chimichurri (selon la recette de base)
- 2 pièces   Œuf à la coque (au choix)

PRÉPARATION

Lavez et coupez les tomates en tranches. Lavez les feuilles de laitue et secouez-les.

Placer le papier sulfurisé sur une plaque à pâtisserie, placer le bacon dessus et faire frire 10 minutes à 200 degrés jusqu'à ce qu'il soit croustillant. Ensuite, sortez-le du four et laissez-le refroidir.

Épluchez l'oignon et coupez-le en rondelles. Faire fondre le beurre dans la poêle et y faire revenir les rondelles d'oignon, incorporer la cassonade, caraméliser et réserver.

Assaisonnez la viande avec du sel et du poivre et faites-la frire dans une poêle antiadhésive pendant quelques minutes. Retirer de la casserole et mettre au four chaud.

Déposer des tranches de jambon dessus, placer la mozzarella au centre, fermer et faire frire dans la poêle jusqu'à ce que le fromage fonde.

Coupez les rouleaux et placez-les au four pendant 2-3 minutes avec la surface coupée vers le haut jusqu'à ce qu'ils soient croustillants.

Assemblez le hamburger: Badigeonnez le haut des petits pains et le bas avec du Chimichurri. Ensuite, il y a la feuille de laitue, les tranches de tomates, le filet de filet, le jambon et la mozzarella, le bacon et enfin les rondelles d'oignon. Si vous le souhaitez, vous pouvez ajouter des tranches d'œuf à la coque. Couvrir avec la moitié supérieure du pain et servir.

HOT DOG AVEC SAUCE AUX OIGNONS FIERY

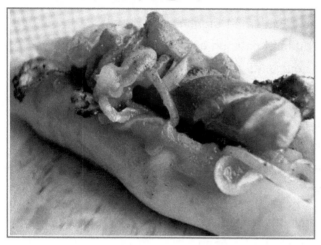

Portions: 4

INGRÉDIENTS

- 3 TL   mon chéri
- 4 Schb   Lard
- 1 boîte Tomates (425 ml)
- 250 G Oignons
- 2 cuillères à soupe   huile
- 1 prix Sel et poudre de chili
- 2 Pa   Saucisses (saucisses de Francfort)
- 4 pièces   Pains à hot dog

PRÉPARATION

Épluchez les oignons et coupez-les en fines tranches.
Chauffer l'huile. Faites cuire les oignons à la vapeur

pendant environ 5 minutes. Ajouter les tomates et écraser un peu à la fourchette. Laisser mijoter à feu moyen pendant environ 5 minutes.

Assaisonner la sauce à l'oignon avec du sel, de la poudre de chili et du miel pour un goût piquant et piquant. Coupez les saucisses en diagonale si nécessaire. Griller environ 6 minutes en retournant plusieurs fois.

Placez le bacon sur du papier d'aluminium et faites-le frire jusqu'à ce qu'il soit croustillant sur le gril chaud. Faites cuire les rouleaux de hot-dog sur le gril en les retournant.

Coupez et remplissez de saucisses et de bacon. Servir avec la sauce chili à l'oignon.

BURGER AU STEAK SIMPLE

Portions: 2

INGRÉDIENTS

- 2 pièces   beignet
- 2 pièces   Steaks minute
- 1 pc   Tomates
- 40 G   Pecorino
- 40 G   Laitue
- 1 cuillère à soupe   beurre
- 1 cuillère à soupe   huile d'olive
- 2 TL   Pesto Rosso
- 0,5 TL sel de mer
- 0,5 TL Poivre, pilé grossièrement
- 2 Schb   Fromage fondu
- 1 pc   Oignon moyen

PRÉPARATION

Coupez d'abord les bagels en deux et badigeonnez de beurre. Coupez finement les tomates et lavez la laitue. Coupez l'oignon en fines rondelles.

Assaisonnez maintenant les steaks avec du sel et du poivre, puis faites-les saisir des deux côtés dans une poêle enduite d'un peu d'huile. Faites frire le bacon dans la poêle. Ensuite, retournez brièvement les tomates et les rondelles d'oignon dans la poêle.

Garnir le bagel de laitue, de pesto, de steaks, de tomates, d'oignon, de bacon et de fromage, servir immédiatement.

Burger aux pois chiches

Portions: 8

INGRÉDIENTS

- 200 G Pois chiches
- 1 pc   oignon
- 4 cuillères à soupe   huile d'olive
- 2 pièces   Des œufs
- 150 G Rempotage
- 110 G   Miettes de grains entiers
- 5 cuillères à soupe   Persil (haché)
- 1 cuillère à soupe   Romarin (haché)
- 2 pièces   Gousses d'ail (pressées)

PRÉPARATION

Tout d'abord, les pois chiches sont trempés dans de
l'eau froide pendant la nuit.

L'oignon est pelé, non haché et rôti dans l'huile d'olive pendant environ 5 minutes. Pendant ce temps, les pois chiches sont égouttés et bien égouttés, puis ils sont réduits en purée avec les œufs, le fromage blanc et l'huile d'olive avec un mélangeur à main.

Maintenant, les miettes et les herbes ainsi que l'ail sont mélangés dans la masse et assaisonnés de sel et de poivre. Le tout est laissé au repos pendant 15 minutes.

Ensuite, 8 galettes sont formées à partir de la masse, celles-ci sont enrobées d'huile d'olive et enfin grillées dans une tasse à griller.

PAIN AU SÉSAME SANS GLUTEN

Portions: 15

INGRÉDIENTS

- 300 ml l'eau tiède
- Paquet de 2   Levure sèche
- 500 G Farine de maïs ou autre farine sans gluten
- 2 TL   sel
- 50 ml   huile neutre
- 10 cuillères à soupe de sésame

PRÉPARATION

Mettez la farine, la levure sèche, le sel, l'huile, l'eau et 5 cuillères à soupe de graines de sésame dans un bol et mélangez avec un crochet pétrisseur.

La masse a toujours l'air très collante, vous laissez donc la pâte reposer dans un endroit chaud pendant environ 1 heure. Puis formez-le en environ 15 rouleaux et badigeonnez-le d'eau.

Saupoudrer de graines de sésame et cuire au four à env. 200 ° C pendant 15 à 20 minutes.

BURGER AUX HARICOTS AU QUINOA

Portions: 8

INGRÉDIENTS

- 200 G Haricots rouges, cuits
- 100G   Pommes de terre
- 50 GRAMMES   quinoa
- 0,5 pièce   gousse d'ail
- 1 pc   Oeuf
- 1 pc   Piment (petit)
- 0,25 Fédération   persil
- 1 TL   sel
- 1 TL   sauce soja

pour la trempette à la crème sure

- 250 G crème aigre

- 1 TL   sel
- 50 GRAMMES   persil
- 1 pc   Citron, zeste (râpé)
- 1 cuillère à soupe   Jus de citron
- 1 prix Poivre noir)

Pour servir

- 1 coup Huile d'olive pour la friture
- 1 prix Farine
- 8 pièces   Petits pains à hamburger
- 8 Schb   Fromage (par exemple Gruyère, Cheddar, Drautaler, etc.)
- 3 pièces   tomates
- 8 Bl   salade
- 1 pc   Oignon de printemps

PRÉPARATION

Pour la trempette à la crème sure: cueillir le persil. Réduisez en purée avec un mélangeur à main avec une petite quantité de crème sure et de jus de citron. Incorporer le reste de la crème sure et les autres ingrédients, assaisonner et assaisonner au goût.

Lavez les pommes de terre et faites cuire jusqu'à ce qu'elles soient tendres. Puis trempez dans l'eau froide, pelez et coupez grossièrement. Faites bouillir le quinoa dans une casserole séparée avec deux fois plus d'eau et un peu de sel.

Faites cuire le quinoa à feu doux pendant 15 minutes, puis laissez-le tremper pendant 10 minutes. Assemblez le hachoir à viande avec un disque fin perforé. Hachez les haricots et les pommes de terre.

Hachez finement le persil, l'ail et le piment. Mélangez tous les ingrédients à la main et pétrissez bien. Goûter. Façonnez le mélange en galettes de hamburger de la taille des pains à hamburger.

Saupoudrez le hamburger d'un peu de farine. Couper les pains à hamburger en deux et faire griller dans une poêle sur la surface coupée sans huile. Gardez les petits pains au chaud au four à 50 ° C d'air chaud.

Cueillir les feuilles de laitue, couper les tomates en tranches, trancher finement les oignons de printemps en biais.

Faites chauffer l'huile dans une poêle. Faites frire les hamburgers des deux côtés à feu moyen. Après avoir retourné, garnir de fromage et couvrir. Poivrez les galettes à la fin.

Placez une feuille de laitue et une tranche de tomate sur le pain à hamburger. Placez le hamburger chaud sur le dessus, versez la trempette à la crème sure dessus. Garnir d'oignons verts, mettre le couvercle et fixer avec une brochette en bois. Sers immédiatement.

BURGER À LA DINDE

Portions: 10

INGRÉDIENTS

- 200 ml Eau, tiède
- 1 Wf   Germe, frais
- 20 G   du sucre
- 80 G   Faire fondre du beurre
- 500 G Farine
- 1 pc   Oeuf
- 2 cuillères à soupe   lait
- 1 TL   sel

pour la plénitude

- 1 kg   Viande de dinde, assaisonnée ou marinée
- 1 pc   Concombre
- 2 pièces   tomates
- 10 fromage Schb

- 10 bacon Schb
- 1 pc   Laitue
- 1 pc   oignon
- 2 cuillères à soupe   Herbes, hachées

Pour la sauce

- 10 G   sel
- 125 G   crème aigre
- 90 G   Fromage crème fraîche
- 1 TL   Moutarde, chaude
- pour brosser et saupoudrer les rouleaux
- 4 cuillères à soupe   lait
- 2 cuillères à soupe   l'eau
- 1 pc   Oeuf
- 3 cuillères à soupe   sésame

PRÉPARATION

Pour les pains à burger, mélangez l'eau tiède avec le lait
et le sucre dans un bol. Crumble dans la levure. Laisser
lever le mélange pendant environ 10 minutes. Ajoutez
ensuite la farine, le sel, 1 œuf et le beurre fondu et
pétrissez environ 5 minutes à haut niveau pour former
une pâte lisse. Laisser lever la pâte pendant environ 1
heure dans un endroit chaud recouvert d'un torchon.

Après cette heure, divisez la pâte en 10 parties d'env.
90 g chacun et répartissez-le en boules sur une plaque à
pâtisserie tapissée de papier sulfurisé. La pâte est très
collante, donc farinez un peu le plan de travail et vos
mains.

Couvrez à nouveau les rouleaux et laissez lever encore une heure. En attendant, mélangez 1 œuf avec 2 cuillères à soupe de lait et 2 cuillères à soupe d'eau. Badigeonner ensuite soigneusement les rouleaux du mélange oeuf-lait et saupoudrer d'un peu de graines de sésame. Faites cuire les petits pains à 170 ° C pendant environ 20 minutes puis laissez-les refroidir un peu.

Pour la garniture, couper la viande de dinde, assaisonner et griller avec les tranches de bacon. Coupez les pains à hamburger ouverts et placez-les également brièvement sur le gril (ou au four) pour qu'ils deviennent beaux et croustillants. Placer immédiatement le fromage sur la viande encore chaude pour qu'elle fonde bien. Placez tous les autres ingrédients sur le hamburger à votre guise. Mettez le couvercle et fixez-le avec une brochette.

Pour la sauce, mélanger la crème sure et la crème fraîche. Ajouter la moutarde et les herbes hachées et assaisonner de sel.

BURGER AU FROMAGE

Portions: 4

INGRÉDIENTS

- 400 G Viande hachée
- 2 pièces   oignon
- 2 pièces   Des œufs
- 1 prix sel
- 1 prix poivre
- 1 prix Poudre de paprika
- 1 prix poudre de curry
- 4 pièces   Pains à hamburger
- 3 cuillères à soupe   ketchup aux tomates
- 8 pièces   Feuilles de laitue
- 4 pièces   Cornichons
- 4 pièces   tomates
- 8 Schb   Fromage Gouda

PRÉPARATION

Hachez finement un oignon, coupez l'autre en rondelles d'oignon. Pétrir la viande hachée avec l'oignon haché et les œufs dans un bol. Bien assaisonner avec du sel, du poivre, du curry en poudre, du paprika en poudre et du poivre de Cayenne. Façonnez la viande en 4 tranches et faites-les frire dans une poêle avec du beurre.

Faire revenir brièvement les rondelles d'oignon dans l'huile. Trancher finement les cornichons et les tomates.

Tartiner la moitié des rouleaux de ketchup et garnir de feuilles de laitue, déposer la viande dessus, avec les cornichons et les tomates, les rondelles d'oignon et 2 tranches de fromage.

Placez le couvercle du pain sur le dessus et faites cuire au four à 200 degrés pendant quelques minutes jusqu'à ce que le fromage fonde.

BURGER BÉBÉ ZUCCHINI

Portions: 25

INGRÉDIENTS

- 900 G courgette
- 2 pièces   Des œufs
- 1 tasses   Herbes (aneth, menthe, persil)
- 110 G Poudre d'amande
- 150 G Feta
- 1 TL   cumin
- 1 TL   poivre
- 3 cuillères à soupe   huile d'olive

PRÉPARATION

Lavez les courgettes, coupez les extrémités et râpez-les finement. Ensuite, mettez les courgettes finement râpées dans une passoire, saupoudrez de sel et égouttez-les sur l'égouttoir pendant au moins 10 minutes (mieux 1 heure). Ensuite, mettez les courgettes dans un torchon et essorez le liquide restant.

Battez les œufs dans un grand bol. Dès qu'ils sont mousseux, ajoutez lentement les courgettes, les herbes, le cumin, la farine d'amande, la feta, le sel et le poivre. Mélangez bien le tout et laissez reposer au réfrigérateur pendant 20 minutes.

Maintenant, formez de petits hamburgers et faites-les frire dans l'huile d'olive. 5 minutes de chaque côté suffisent. Déposer sur du papier absorbant et tamponner un peu d'huile. Ils ont bon goût à la fois chaud et froid

WIENER LEBERKÄSBURGER

Portions: 4

INGRÉDIENTS

- 1 pc   oignon
- 2 coups   huile
- 300 GRAMMES   Choucroute
- 4 pièces   Baies de genièvre
- 150 G Pain de viande
- 0,5 Fédération   persil
- 1 prix sel
- 1 prix poivre
- 1 prix du sucre
- 4 pièces   Rouleaux de bretzel
- 4 coups   Moutarde (douce)

PRÉPARATION

L'oignon est pelé et finement haché. Chauffez ensuite une poêle avec un peu d'huile et faites saisir les oignons quelques minutes jusqu'à ce qu'ils soient translucides. Ajouter la choucroute égouttée et saisir brièvement. Avant que le mélange d'herbes ne braise pendant 15 minutes, 5 cuillères à soupe d'eau et les baies de genièvre sont ajoutées et le couvercle est mis.

Pendant ce temps, le pain de viande est coupé en tranches épaisses d'un doigt et sauté dans une seconde poêle dans un peu d'huile des deux côtés pendant 3 minutes.

Le persil est soigneusement lavé puis finement haché.

Après 15 minutes, la choucroute est retirée de la flamme et assaisonnée de sel, de poivre et de sucre. Avant qu'il n'entre dans le hamburger, laissez le chou s'égoutter un peu.

Les rouleaux de bretzel sont découpés, la face inférieure enduite de moutarde et la choucroute et le pain de viande sont placés sur le dessus. Enfin tout est saupoudré de persil et la seconde moitié est posée sur le dessus.

BURGER AMÉRICAIN AVEC COINS

Portions: 4

INGRÉDIENTS

- 0,25 pièce   rondelles d'oignon
- 4 pièces   Pains à hamburger
- 1 pc   tomate
- 4 Schb   Fromage Gouda
- 4 Bl   salade
- pour les coins
- 4 pièces   Pommes de terre
- 1 coup huile d'olive
- 1 prix Noix de muscade
- 1 prix Romarin
- 1 prix Poudre de paprika
- 1 prix Poudre d'ail

- 1 prix poivre
- 1 prix sel

pour les galettes

- 320 G Bœuf haché
- 1 cuillère à soupe   Chapelure
- 1 prix marjolaine
- 1 prix le Chili
- 1 prix curry
- 1 coup huile
- 0,5 pièce   Oignon haché
- 1 prix poivre
- 1 prix sel

pour la sauce ketchup

- 1 cuillère à soupe   Ketchup
- 1 cuillère à café   moutarde
- pour la sauce mayo
- 1 cuillère à soupe   Mayonnaise
- 1 cuillère à café   moutarde
- 1 coup le vinaigre
- 1 prix Poudre de paprika
- 1 prix Poudre d'ail

PRÉPARATION

Pour les quartiers de pommes de terre, 4 grosses
pommes de terre sont pelées et coupées en huitièmes
quartiers. Faire mariner les pommes de terre dans un
mélange d'huile d'olive, de muscade, de romarin, de sel,
de poivre, de paprika et d'ail en poudre et les déposer

sur du papier sulfurisé. Les cales sont placées sur le rail central du four pendant environ 45 minutes à 200 degrés (convection).

Pour le pain de viande, mélanger la viande hachée, la chapelure, le sel, le poivre, la marjolaine, le piment, le curry et les cubes d'oignon hachés et bien pétrir. Façonnez quatre galettes et faites-les cuire croustillantes des deux côtés dans une poêle avec de l'huile.

Pour les deux sauces, mélangez une cuillère à soupe de ketchup avec une pincée de moutarde dans un bol. Dans le deuxième bol se trouve une cuillère à soupe de mayonnaise avec une pincée de moutarde, une pincée de vinaigre et de paprika et de l'ail en poudre.

Cuire les petits pains dans le four préchauffé selon les instructions sur l'emballage.

Mettez un peu de sauce mayo sur la moitié inférieure du hamburger. Vient ensuite une feuille de laitue, suivie du pain haché et du fromage Gouda.

Ceci est suivi d'une tranche de tomate et de rondelles d'oignon. Le pain à hamburger supérieur est enrobé de sauce ketchup. Mettez les hamburgers finis au four pendant environ 5 minutes à 100 degrés.

BURGER AUX HARICOTS NOIRS

Portions: 4

INGRÉDIENTS

- 200 G Haricots en conserve (noirs)
- 50 GRAMMES   gruau
- 1 pc   Carotte râpée)
- 1 pc   petite betterave (râpée)
- 1 pc   Gousse d'ail (finement hachée)
- 1 pc   Oignon (finement haché)
- 60 G   Farine de pois chiche
- 60 G   Graines de tournesol (moulues)
- 1 cuillère à soupe   Jus de citron
- 1 TL   sauce soja
- 2 cuillères à soupe   Pâte de tomate
- 0,5 TL Poudre de paprika

- 1 TL   thym
- 1 TL   cumin
- 0,5 TL poivre
- 1 prix sel
- 4 cuillères à soupe   huile
- 4 pièces   Rouleaux de grains entiers

PRÉPARATION

Pour notre burger végétalien, les haricots sont égouttés
de la boîte et rincés à l'eau. Ceux-ci sont ensuite mis
dans un grand bol à mélanger et écrasés. La farine
d'avoine, la carotte râpée, la betterave, l'oignon et l'ail
sont également ajoutés. Mélangez bien le tout.

Ajoutez maintenant la farine de pois chiche, les graines
de tournesol, le jus de citron, la sauce soja, la pâte de
tomate, la poudre de paprika, le thym, le cumin, le
poivre et le sel. Dès que tout est bien mélangé, le bol
est couvert et placé au réfrigérateur pendant environ
20 minutes.

Ensuite, l'huile est chauffée dans une grande casserole.
Les miches sont formées à partir de la masse de
haricots. Ceux-ci sont ensuite frits dans la poêle. Ne
retournez pas les galettes avant 5 minutes, sinon elles
se désintégreront.

Servir les galettes finies dans les rouleaux avec de la
laitue, des tomates, des pousses et de la sauce.

BURGERS D'AUSSIE

Portions: 2

INGRÉDIENTS

- 2 Schb   l'ananas
- 4 Schb   betteraves
- 2 pièces   Laitue
- 2 pièces   Oeuf
- 2 Schb   fromage
- 2 Schb   Toamten (grand)
- 2 Schb   lard
- 2 cuillères à soupe   Sauce cocktail (ou ketchup)

pour les galettes

- 400 G Bœuf haché
- 180 G Chapelure
- 1 pc   Oeuf
- 1 coup Huile pour la poêle

- 1 prix poivre
- 1 prix sel

PRÉPARATION

Mettez la viande hachée dans un bol, ajoutez l'oignon, l'œuf, la chapelure, le sel et le poivre. Mélangez bien le tout.

Laisser l'huile chauffer dans une poêle et y faire frire les pains de viande (galettes) en les retournant plus souvent.

Faites revenir brièvement les tranches d'ananas et le bacon dans la même poêle. Faites également frire les œufs pour faire des œufs de gibier dans cette poêle.

Coupez les petits pains à hamburger. Le pain du bas est placé l'un après l'autre: sauce cocktail ou ketchup, tranche de tomate, feuille de laitue, galette, fromage, bacon, tranche d'ananas, betterave et œuf au plat. Terminer avec le petit pain supérieur et servir.

MINI BURGERS

Portions: 10

INGRÉDIENTS

- 10 pièces   Petits pains à hamburger
- 10 pièces   Tranches de tomate
- 10Schb   lard
- 10Schb   Gouda (petit)
- 3 cuillères à soupe   huile de friture

pour les galettes

- 250 G Viande hachée
- 1 cuillère à soupe   marjolaine
- 0,5 pièce   Rouler de la veille
- 1 TL   moutarde
- 1 pc   petit oignon
- 1 pc   Oeuf
- 1 prix sel

- 1 prix poivre
- 1 Spr Pâte de tomate

Ingrédients pour la sauce

- 10 TL yaourt
- 0,5 TL Crème fraiche RAMA
- 0,5 TL Herbes
- 1 prix sel
- 1 prix poivre

PRÉPARATION

Pour les mini burgers, faites d'abord tremper le petit pain dans l'eau, puis pressez-le et placez-le dans un bol avec la viande hachée et l'œuf.

Coupez l'oignon en dés et faites-le rôtir dans une poêle avec un peu d'huile et ajoutez-le à la viande hachée.

Ajouter la pâte de tomate, la moutarde, la marjolaine, le sel et le poivre et bien mélanger.

Façonner de petites galettes. Faites frire les galettes dans l'huile des deux côtés jusqu'à ce qu'elles soient bien cuites. Sortez de la casserole et gardez au chaud.

Puis faites frire les lanières de bacon jusqu'à ce qu'elles soient croustillantes

Pendant ce temps, mélangez le yogourt, la crème fraîche et les herbes et assaisonnez de sel et de poivre.

Couper les rouleaux en deux à l'horizontale, enrober le dessous de sauce au yogourt et garnir de pains de viande, de tomates, de fromage et de bacon. À la fin, mettez la deuxième moitié du chignon et le tour est joué.

BURGER À LA BETTERAVE ROUGE ET AUX HARICOTS AVEC SAUCE AU VIN ROUGE

Portions: 2

INGRÉDIENTS

- 200 G Haricots rouges ou haricots noirs, précuits
- 100G Betterave (précuite, pelée)
- 3 cuillères à soupe Chapelure
- 1 pc Oeuf
- 1 pc oignon
- 3 cuillères à soupe câpres
- 1 cuillère à soupe Moutarde de Dijon
- 2 cuillères à soupe Huile de tournesol
- 1 cuillère à soupe beurre

- 1 cuillère à soupe   Farine
- 100 ml vin rouge
- 3 prix sel
- 1 prix Poivre du moulin)
- 6 pièces   Pommes de terre
- 1 branche de persil

PRÉPARATION

Lavez d'abord bien les haricots, égouttez-les et écrasez-les soigneusement à la fourchette ou au robot culinaire. Hachez finement les betteraves, les câpres et les oignons pelés et mélangez avec les haricots.

Ajoutez ensuite la chapelure et l'œuf, assaisonnez avec la moutarde de Dijon, le sel et le poivre. Si le mélange semble trop humide, ajoutez plus de chapelure pour éviter que les galettes ne se désagrègent.

Façonner quatre galettes plates avec les mains mouillées et les faire frire des deux côtés dans une poêle dans l'huile de tournesol à feu moyen.

Mettez le beurre dans la poêle, faites revenir de la farine, ajoutez le vin rouge, assaisonnez de sel et de poivre et réduisez en sauce. Égouttez les pommes de terre, ajoutez un peu de beurre et de persil.

BURGER DE SCHNITZEL

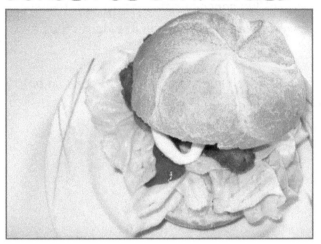

Portions: 4

INGRÉDIENTS

- 2 pièces   Rouleaux
- 2 pièces   schnitzel
- 2 Bl   salade
- 1 pc   tomate
- 2 TL   Ketchup
- 2 TL   mayonnais2
- 1 pc   Concombre

PRÉPARATION

Coupez les rouleaux en morceaux. Couvrir le bas de chaque rouleau d'une feuille de laitue. Ajoutez ensuite le schnitzel pané fini au pain.

Lavez et coupez les tomates en tranches. Lavez et coupez également les concombres. Mettez une tranche de tomate et une tranche de concombre dans chaque rouleau.

Mélangez bien le ketchup et la mayonnaise dans un bol, puis ajoutez-les au rouleau de schnitzel fini.

MILLET ALL-ROUNDER

Portions: 4

INGRÉDIENTS

- 1 tasseMillet
- 2 tasses   Bouillon de légumes
- 3 TL   Substitut d'oeuf (selon les instructions)
- 3 cuillères à soupe   Farine d'épeautre
- 1 cuillère à soupe   Persil (haché)
- 1 cuillère à soupe   Huile de noix de coco

PRÉPARATION

Pour nos délicieuses galettes de millet, incorporer le millet au bouillon de légumes bouillant et laisser mijoter à couvert pendant environ 7 minutes à feu doux. Ensuite, éteignez le feu et laissez gonfler encore 10 minutes.

Ajoutez ensuite le substitut d'œuf végétalien et la farine et assaisonnez. Maintenant, façonnez le mélange de millet en pains avec les mains humidifiées.

Faites chauffer un peu d'huile de noix de coco dans une poêle enduite et faites revenir les galettes des deux côtés jusqu'à ce qu'elles soient croustillantes.

GYROS BURGER

Portions: 4

INGRÉDIENTS

- 250 G Filet de poulet
- 1 paquet   épice de gyros
- 4 pièces   Petits pains à hamburger
- 1 pc   tomate
- 100G   oignon
- 4 Bl   Laitue
- 2 cuillères à soupe   Fromage crème fraîche
- 4 Bl   Fromage Gouda
- 3 cuillères à soupe   huile d'olive

PRÉPARATION

Coupez le poulet en petits cubes et transférez-le dans une plus grande casserole.

79

Ajouter les épices gyros avec 3 cuillères à soupe d'huile d'olive et bien mélanger. Laissez-le tremper pendant environ 30 minutes. Après environ 30 minutes, saisissez la viande et les légumes dans la poêle sans ajouter de matière grasse.

Épluchez l'oignon et coupez-le en rondelles. Lavez et coupez la tomate en tranches.

Pendant ce temps, coupez les pains à hamburger et recouvrez-les de laitue et de fromage Gouda ainsi que des tranches d'oignon et de tomate. Maintenant, versez la viande finie dans les pains à hamburger, puis mettez au four pendant environ 10 à 15 minutes jusqu'à ce que le fromage ait fondu.

Sortez les petits pains du four, ajoutez la crème fraîche, mettez le couvercle sur le pain et servez.

BURGER DE SCHNITZEL

Portions: 4

INGRÉDIENTS

- 4 pièces   Pain burger
- 4 pièces   escalope de dinde panée (déjà cuite)
- 4 Bl   Laitue iceberg
- 100G   Fromage crème fraîche
- 250 G crème aigre
- 1 prix sel
- 1 prix poivre
- 1 Fédération Herbes (hachées)
- 2 pièces   paprika

PRÉPARATION

Lavez la laitue et coupez les poivrons en lanières. Pour la sauce aux herbes, la crème sure, la crème fraîche, les herbes finement hachées et le sel et le poivre sont bien mélangés.

Placer les petits pains à hamburger et les escalopes panées dans le four préchauffé à env. 150 ° C pendant 5 minutes. Ajoutez ensuite la laitue, le schnitzel, la sauce aux herbes et le paprika au pain burger.

BURGER DE BOEUF AU FROMAGE À LA CRÈME DE MOUTARDE AUX FIGUES

Portions: 4

INGRÉDIENTS

- 4 pièces   Eat the Ball®
- 4 cuillères à soupe   Gorgonzola
- 4 Schb   Brie
- 16 Bl   Roquette
- 500 G Bœuf haché
- 1 prix   Thym (frais)
- 1 prix   cumin
- pour le fromage à la crème et moutarde aux figues

- 4 cuillères à soupe   Fromage à la crème Philadelphia
- 1 cuillère à soupe   Moutarde de figue
- 1 cuillère à soupe   Fromage crème fraîche
- 1 prix Pimentón la Vera
- 1 prix poivre
- 1 prix sel

pour les chips de parmesan

- 4 pièces   Chips de parmesan

PRÉPARATION

Pour les chips de parmesan: Trancher le parmesan avec un éplucheur et diviser les chips de parmesan en quatre grosses chips et les faire revenir doucement dans une poêle enduite. Ensuite, retournez-les soigneusement et faites-les frire jusqu'à ce qu'elles soient dorées de l'autre côté. Retirer de la casserole et laisser refroidir!

Pour le fromage à la crème à la moutarde aux figues: Mélanger le fromage à la crème Philadelphia, la moutarde aux figues, la crème fraîche, le sel, le poivre et le Pimentón la Vera dans un bol.

Coupez le Eat the Ball® en deux, enduisez le dessous de fromage à la crème à la moutarde aux figues et drapez la roquette sur le dessus.

Assaisonnez bien le bœuf haché et formez-en quatre burgers. Faites revenir légèrement les hamburgers de bœuf dans une poêle préchauffée avec un peu d'huile (ou jetez-les sur le gril) et placez-les sur la roquette.

Déposer une fine tranche de brie et la puce de parmesan sur le dessus. Brossez ensuite la face supérieure du Eat the Ball avec Gorgonzola.

Remettez les moitiés de Eat the Ball ensemble, fixez-les avec une brochette de bambou et dégustez

BURGER THAÏLANDAIS AU THON

Portions: 2

INGRÉDIENTS

- 3 pièces   Des œufs
- 60 G   Chapelure
- 0,5 pièce   Poivron (rouge)
- 2 bidons   Thon (env.180 g, nature)
- 50 GRAMMES   Mayonnaise
- 50 GRAMMES   Châtaignes d'eau
- 2 pièces   oignons de printemps
- 0,5 cuillère à soupe   Pâte de curry (verte)
- 2 pièces   Pain burger
- 0,5 cuillère à soupe   Sauce chili (rouge)
- 0,5 pièce   oignon
- 4 Bl   Laitue (verte)

PRÉPARATION

Pour le mélange burger, hachez d'abord les châtaignes d'eau et mélangez-les avec la chapelure, le thon égoutté et la moitié de la mayonnaise.

Ensuite, les oignons nouveaux lavés sont coupés en fines rondelles et mélangés avec la pâte de curry et un œuf dans un bol. Ajouter le mélange de thon préparé et bien mélanger.

Pendant ce temps, l'oignon est coupé en rondelles et frit dans l'huile dans une poêle jusqu'à ce qu'il soit croustillant. La mayonnaise restante est mélangée à la sauce chili et la salade est bien lavée et coupée en fines lanières.

Les pains hamburger coupés en deux sont placés au four sur la grille à 80 ° C pour qu'ils deviennent croustillants. Faites frire les deux œufs dans la poêle d'un côté comme des œufs au plat et placez-les au four sur une assiette pour les garder au chaud.

Maintenant, façonnez deux hamburgers de thon à partir du mélange de hamburgers et faites-les frire dans la poêle pendant environ 3 minutes de chaque côté jusqu'à ce qu'ils soient croustillants. Arranger avec de la mayonnaise au chili, des oignons frits, de la laitue et des œufs au plat dans les petits pains et servir.

BURGER AVEC HALLOUMI GRILLÉ

Portions: 2

INGRÉDIENTS

- 2 pièces   Pains à hamburger
- 200 G Halloumi aux herbes
- 8 Schb   lard
- 1 cuillère à soupe   huile
- 4 Schb   tomates
- 4 Bl   salade
- 4 Schb   oignon
- 3 cuillères à soupe   Mayonnaise
- 40 G   Oignon finement haché
- 1 pc   gousse d'ail
- 1 prix le Chili

PRÉPARATION

Coupez le halloumi en quatre tranches et enveloppez chaque tranche de deux feuilles de bacon. Faites frire le halloumi enveloppé de bacon dans l'huile jusqu'à ce qu'il soit doré.

Couper les pains à hamburger en deux et les faire griller brièvement dans un grille-pain. Pour la sauce, mélanger la mayonnaise, l'oignon haché, la gousse d'ail finement pressée et le piment.

Tartiner le dessous du pain de sauce, mettre 1 feuille de laitue dessus, puis 1 tranche de tomate, le halloumi, la sauce, l'oignon, les tomates et la laitue et un peu plus de sauce. Mettez le couvercle sur le pain.

TORMACHER BURGER

Portions: 4

INGRÉDIENTS

- 4 pièces   Eat the Ball® Football
- 600 G Bœuf haché
- 16 Bl   Roquette
- 1 prix poivre
- 1 prix sel
- pour la crème de pommes de terre
- 2 pièces   Pomme de terre (farineuse)
- 1 cuillère à soupe   Fromage crème fraîche
- 1 TL   beurre
- 1 prix Noix de muscade
- 1 prix poivre
- 1 prix sel
- pour la relish au paprika
- 4 pièces   Poivrons à l'huile (grillés)

- 2 cuillères à soupe   Ketchup (biologique)
- 1 pc   gousse d'ail
- 1 branche   Thym (frais)
- 1 branche de romarin

PRÉPARATION

Pour la crème de pommes de terre: faire bouillir les pommes de terre farineuses, puis les éplucher à chaud et les presser à travers un presse-pommes de terre. Incorporer la crème fraîche, le beurre, la muscade, le sel et le poivre et assaisonner au goût.

Pour la relish au paprika: Égouttez le paprika mariné et coupez-le en petits morceaux. Laisser une casserole chauffer, griller légèrement les morceaux de poivron avec l'ail et les herbes. Déglacer avec du ketchup et laisser mijoter brièvement.

Maintenant, coupez le ballon de soccer Eat the Ball® et faites-le rôtir sur le gril. Étalez la crème de pommes de terre sur la moitié inférieure. Mettez la fusée lavée sur le dessus.

Assaisonnez les galettes de bœuf et faites-les frire des deux côtés, puis placez-les sur le hamburger. Mettez la relish au paprika sur le dessus et mettez le couvercle. Servir chaud!

FUXIS KNUSPERBURGER - BURGER DE LÉGUMES AUX CHIPS DE CHOU CROQUANTS

Portions: 1

INGRÉDIENTS

- 1 pc   Pain burger
- 1 Bl   Chou frisé (taille: un peu plus gros que le pain à hamburger)
- 3 cuillères à soupe   Huile de coco pour rôtir le chou
- 1 Schb Fromage fondu
- 2 Schb   tomates
- 4 pièces   rondelles d'oignon
- 3 Schb   le Chili
- 1 pc   carotte

- 1 TL   huile d'olive
- 1 TL   Vinaigre (préféré)
- 1 prix du sucre
- 1 cuillère à soupe   Sauce barbecue ou simplement votre sauce préférée
- 1 prix Fleur de sel (sel de mer)

PRÉPARATION

Le hamburger croustillant de Fuxi, sans aucune galette, avec les sensationnelles chips de chou frisé végétalien.

Coupez le pain hamburger en deux et coupez une feuille de chou (lavée et séchée) à la taille du hamburger, le chou doit être 1 à 2 cm plus grand que le pain hamburger.

Peler la carotte et la couper en julienne, cuire brièvement dans l'eau salée jusqu'à ce qu'elle soit ferme sous la dent, égoutter, refroidir. Faire mariner avec du vinaigre, de l'huile et du sucre.

Faites chauffer l'huile de noix de coco dans une petite casserole où la feuille de chou rentrera. Faites frire la feuille de chou bien séchée des deux côtés. Laisser la feuille de chou dans la poêle et placer le fromage fondu, les tranches de tomate, 2 rondelles d'oignon et 2 rondelles de piment sur le dessus et laisser dans la poêle. Faites fondre le fromage et faites chauffer les légumes dans la poêle.

Pain burger sur le grille-pain (ou griller brièvement dans une casserole à l'intérieur. Étaler la sauce barbecue sur le dessous. Déposer la feuille de chou avec le fromage et les légumes sur le dessus. Carottes marinées, piment et l'oignon restant. Parsemer de fleur de sel. Mettez le couvercle du hamburger et le plaisir croustillant est prêt.

BURGER À BÂTONNETS DE POISSON

Portions: 2

INGRÉDIENTS

- 4 pièces   Pains à hamburger
- 8 pièces   bâtonnet de poisson
- 200 G crème aigre
- 2 pièces   Guy de cornichon
- 4 pièces   Feuilles de laitue
- 16 Schb   Concombre
- 4 cuillères à soupe   Ketchup
- 1 prix sel

PRÉPARATION

Préparez les bâtonnets de poisson selon les instructions sur l'emballage. Pendant ce temps, mélangez la crème sure avec les cornichons très finement coupés en dés et assaisonnez avec du sel.

Coupez les pains à hamburger en deux et étalez le mélange sur le dessous. Viennent ensuite les feuilles de laitue lavées et séchées et les tranches de concombre, ainsi que les bâtonnets de poisson finis. Enfin, mettez le ketchup sur les bâtonnets de poisson, mettez le couvercle dessus et dégustez.

BURGERS À LA MAISON

Portions: 4

INGRÉDIENTS

- 1 pc   oignon
- 500 G Bœuf haché
- 1 TL   Sauce worcester
- 1 TL   sel
- 0,5 TL poivre du moulin
- 3 cuillères à soupe   huile de friture
- 4 Schb   Fromage fondu
- 4 pièces   Pains à hamburger
- 8 Bl   n'importe quelle salade de feuilles
- 4 cuillères à soupe   Ketchup
- 4 cuillères à soupe   Sauce yaourt

PRÉPARATION

Épluchez l'oignon, coupez-le en petits dés et mélangez-le avec la viande hachée. Assaisonnez la viande hachée avec la sauce Worcestershire, le sel et le poivre et formez-en 4 burgers plats.

Faites chauffer l'huile dans une poêle et faites revenir les burgers vigoureusement, puis faites-les frire à feu doux pendant 6 minutes, retournez une fois.

Juste avant la cuisson des hamburgers, déposez 1 tranche de fromage sur chacun et laissez fondre. Lavez la laitue et essorez-la.

Couper les pains à hamburger en deux et les faire griller avec la surface coupée vers le haut sous le gril jusqu'à ce qu'ils soient croustillants.

Badigeonner toutes les moitiés inférieures de ketchup et garnir de laitue, placer 1 hamburger avec une tranche de fromage fondu sur chacune et arroser de sauce au yogourt, couvrir avec la moitié supérieure des pains à hamburger. Sers immédiatement.

BURGER AU SÉSAME

Portions: 8

INGRÉDIENTS

- 1 paquet   Germe
- 1 TL   sel
- 1 TL   du sucre
- 600 G Farine lisse)
- 300 GRAMMES   l'eau
- 30 G   huile
- 1 pc   Des œufs
- 4 cuillères à soupe   sésame

PRÉPARATION

Pour le burger au sésame, pétrissez d'abord la levure, le sel, le sucre, l'eau, la farine, l'huile et l'œuf en une pâte lisse et laissez reposer pendant une demi-heure.

Préchauffer le four à 200 degrés à l'air chaud et tapisser une plaque à pâtisserie de papier sulfurisé.

Façonnez la pâte en petites galettes (80-100 g) et déposez-la sur la plaque à pâtisserie. Badigeonner d'eau et saupoudrer de graines de sésame. Ensuite, faites cuire au four pendant 20 minutes.

BURGER MY WAY

Portions: 4

INGRÉDIENTS

- 4 pièces   Pains à hamburger
- 400 G Bœuf haché
- 16 pièces   Tomates cocktail
- 1 pc   oignon
- 4 cuillères à soupe   Mayonnaise
- 2 cuillères à soupe   Moutarde (chaude)
- 1 prix sel
- 1 prix poivre

PRÉPARATION

Mélangez d'abord la viande hachée avec du sel et du poivre et assaisonnez au goût. Façonner les galettes avec un presse-hamburger et faire griller des deux côtés dans une lèchefrite.

En attendant, épluchez l'oignon et coupez-le en rondelles. Coupez les pains à hamburger, badigeonnez de mayonnaise, coupez en deux les tomates cocktail et étalez-les sur la mayonnaise.

Pour finir, posez les galettes hachées dessus et recouvrez avec les rondelles d'oignon. Badigeonner le couvercle du pain avec de la moutarde et assembler le petit pain.

ROULEAUX DE BURGER

Portions: 6

INGRÉDIENTS

- 500 G Farine
- 10 G   sel
- 10 G   Sucre en poudre
- 20 G   Germe (frais)
- 50 GRAMMES   beurre
- 200 ml lait
- 100 ml Eau (tiède)
- 100G   Graines de sésame à saupoudrer

PRÉPARATION

Préparez d'abord une pâte à levure en tamisant la
farine dans un bol. Mélangez l'eau et le lait dans un
autre bol. Émiettez la levure, ajoutez le sel et le sucre,
remuez bien. Ajoutez le beurre fondu.

Versez ce liquide sur la farine et pétrissez bien le tout. Un crochet pétrisseur sur le robot culinaire est particulièrement adapté pour cela. La pâte doit être lisse et souple, puis couvrir la pâte et la laisser reposer pendant environ 40 minutes dans un endroit chaud. La pâte double de volume.

Ensuite, divisez la pâte en 12 parties égales. Broyez un peu les rouleaux à la main et placez-les sur une plaque à pâtisserie, laissez reposer encore 20 minutes. Ensuite, appuyez un peu à plat, arrosez d'eau et saupoudrez de graines de sésame. Cuire au four préchauffé à 200 degrés, chaleur du haut et du bas, pendant environ 17 à 20 minutes.

BURGER AU TOFU FUMÉ

Portions: 4

INGRÉDIENTS

- 100G   Tofu fumé
- 2 pièces   carotte
- 1 prix sel
- 1 pc   oignon
- 2 cuillères à soupe   huile
- 2 cuillères à soupe   sauce soja
- 1 pc   tomate
- 8 Schb   fromage
- 4 pièces   Rouleaux de hamburger

PRÉPARATION

Peler les carottes, les couper en bâtonnets, les blanchir brièvement et les réserver. Coupez les oignons en fines tranches et faites-les revenir dans une poêle dans un peu d'huile. Coupez également le tofu fumé en tranches, faites-le frire dans l'huile et déglacez avec de la sauce soja.

Couper chaque rouleau de hamburger en deux et faire griller l'intérieur. Mettez le tofu fumé, les tranches de tomates, les carottes, les oignons et le fromage dans le hamburger et dégustez chaud.

BURGER AVEC SAUCE BARBECUE ET POMMES DE TERRE CŒUR

Portions: 4

INGRÉDIENTS

- 1 pconion
- 400 g Faschiertes (boeuf)
- 1 pincée de sel
- 1 pincée de poivre
- 1 œuf de noeud

pour la sauce barbecue

- 1 oignon (petit)
- 2 cuillères à soupe d'huile

- 30 ml de vinaigre de cidre de pomme
- 160 ml de bière
- 3 cuillères à soupe de sucre (brun)
- 100 g de concentré de tomate
- 1 pincée de curry en poudre
- 1 pincée de sel
- 1 pincée de poivre
- 1 pincée de flocons de piment

pour les pommes de terre au cœur

- 3 pommes de terre (grosses)
- 1 coup d'huile
- 1 pincée de sel

PRÉPARATION

Préparez d'abord la sauce barbecue, épluchez l'oignon, hachez-le finement et mettez-le dans un bol. Mélanger l'huile, le vinaigre de cidre de pomme, la bière, le sucre, la pâte de tomate, la poudre de curry, le sel, le poivre, les flocons de piment et la poudre de curry et réserver.

Pour le burger, épluchez d'abord l'oignon, coupez-le en petits dés et placez-le dans un bol avec la viande hachée. Salez et poivrez bien et ajoutez un œuf. Pétrir le tout brièvement avec les mains légèrement humides et former des galettes plates.

Pendant ce temps, coupez les pains à hamburger en deux horizontalement et placez-les au four pendant quelques minutes à 130 degrés, chaleur de haut et de bas.

Badigeonner les galettes d'huile des deux côtés et les faire revenir des deux côtés dans une poêle chaude pendant env. 5 minutes à feu moyen à élevé. Retirer la viande et la laisser reposer brièvement sur une assiette.

Placer le pain inférieur sur l'assiette et badigeonner de sauce barbecue. Répartir la roquette dessus, garnir des galettes et des feuilles de laitue verte. Terminer avec la moitié supérieure du pain et garnir avec les pommes de terre à cœur.

Pour la pomme de terre cœur, épluchez les pommes de terre et coupez-les en fines tranches (0,5 cm). À l'aide d'un emporte-pièce, découper les coeurs égaux, déposer sur une plaque à pâtisserie tapissée de papier sulfurisé, arroser d'huile, assaisonner de sel et rôtir au four à 180 ° C pendant env. 45 minutes.

BURGER DE STYLE MAISON

Portions: 2

INGRÉDIENTS

- 2 pièces   Pain burger
- 1 pc   Oignon (petit)
- 4 pièces   Tomates cocktail
- 4 Bl   salade
- 1 cuillère à soupe   moutarde
- 1 cuillère à soupe   Mayonnaise
- 8 Schb   Filet de porc au bacon (reste)

PRÉPARATION

Épluchez d'abord, coupez en deux et émincez l'oignon.
Ensuite, faites frire brièvement la viande des deux
côtés dans une poêle avec de l'huile.

Réchauffez un peu les rouleaux, enduisez le fond de moutarde et enduisez le couvercle de mayonnaise.

Déposer les feuilles de laitue lavées sur la moutarde, puis les tranches de viande et les tomates coupées en deux et l'oignon. Mettez le couvercle dessus et fixez-le avec une brochette.

BURGER DE DÉJEUNER

Portions: 6

Ingrédients

- 6 pièces   Rouleaux de hamburger
- 6 Bl   jambon de dinde
- 6 pièces   Des œufs
- 6 Schb   fromage
- 1 cuillère à soupe   huile
- 1 prix poivre
- 1 prix sel

PRÉPARATION

Faites d'abord cuire les rouleaux de hamburger au four
à 180 degrés de chaleur haut / bas jusqu'à ce qu'ils
soient croustillants pendant quelques minutes. Pendant
ce temps, faites chauffer un peu d'huile dans une poêle
et faites d'abord frire les œufs en forme ronde (de la

taille des hamburgers). Retirez ensuite la forme et faites-la frire brièvement de l'autre côté.

Coupez les hamburgers et couvrez chacun d'une feuille de jambon de dinde, placez les œufs dessus et assaisonnez de sel et de poivre. Enfin, ajoutez une tranche de fromage et placez le couvercle du hamburger dessus.

NUREMBERG BURGER

Portions: 4

INGRÉDIENTS

- 12 pièces   Nürnburger Würstel (Bratwurstel)
- 4 pièces   Laitue frisée (variété de choix)
- 200 G Ketchup
- 200 G Mayonnaise
- 8 pièces   Guy de cornichon
- 4 pièces   Pains à hamburger
- 2 cuillères à soupe   oignons rôtis

PRÉPARATION

Pour un hamburger de Nuremberg, faites frire le
Nürnberger dans une poêle, coupez les petits pains en
deux et faites-les légèrement rôtir au four ou sur le
grille-pain.

Mettez du ketchup, une feuille de laitue et 3 saucisses sur une moitié du petit pain, saupoudrez des oignons frits dessus, puis garnissez de tranches de concombre.

Badigeonner la moitié supérieure du pain de mayonnaise et placer dessus.

BURGER AU MIEL RÔTI

Portions: 2

INGRÉDIENTS

- 2 pièces   Pain burger
- 1 pc   oignon
- 1 pc   tomate
- 200 G   Miel rôti (reste)
- 4 TL   Moutarde forte
- 4 TL   Mayonnaise

PRÉPARATION

Épluchez l'oignon et coupez-le en rondelles. Coupez la tomate en deux et coupez-la en tranches. Coupez le rôti de miel en petits cubes.

Badigeonner le fond des pains à hamburger de moutarde et le dessus de mayonnaise. Superposez le rôti de miel

sur la face inférieure, recouvrez d'oignon et de
tranches de tomate et remettez le dessus des rouleaux.

BURGER AU FROMAGE GRILLÉ AVEC FRITES

Portions: 4

INGRÉDIENTS

- 2 pièces   tomates
- 4 pièces   Pain burger
- 4 Bl   Battsalat
- 3 cuillères à soupe   huile d'olive
- 250 G Fromage grillé (halloumi)
- 1 pc   Oignon (rouge)

pour la vinaigrette au miel et à la moutarde

- 1 cuillère à soupe   crème aigre
- 2 cuillères à soupe   Moutarde au miel (selon la recette de base)
- 2 cuillères à soupe   Fromage crème fraîche

- 0,5 cuillère à soupe   Huile d'épices chili
- Ingrédients pour le plat d'accompagnement
- 2 pièces   patate douce
- 4 pièces   Pommes de terre
- Huile de friture
- 1 prix sel
- 1 prix poivre
- 1 prix Poudre d'ail
- 1 prix Poudre de paprika

PRÉPARATION

Préparez d'abord les frites, épluchez les pommes de terre et les patates douces et coupez-les en bâtonnets de 1 cm d'épaisseur. Faites frire les frites dans la friteuse et assaisonnez avec un mélange d'épices de sel, poivre, ail et paprika en poudre.

Pour le burger: Lavez et coupez les tomates en tranches, épluchez l'oignon et coupez-le en rondelles. Lavez la laitue et secouez-la.

Faites ensuite griller les rondelles d'oignon et les tranches de fromage sur le gril ou dans une poêle à griller dans l'huile chaude pendant 2 minutes chacun, en les retournant plusieurs fois.

Pour la vinaigrette au miel et à la moutarde: Mélanger la crème sure, la moutarde au miel, la crème fraîche avec de l'huile d'épices chili pour obtenir une sauce fine.

Maintenant, coupez les pains à hamburger en deux, faites griller brièvement les surfaces coupées sur le gril ou dans la poêle. Garnir de laitue, de tomates, de fromage grillé, de vinaigrette à la moutarde et d'oignons. Salez légèrement si vous le souhaitez. Placez la seconde moitié du rouleau sur le dessus et servez.

CONCLUSION

Dans la famille des burgers légers, nous déployons la panoplie d'astuces pour déguster sans complexes. En d'autres termes, la version mini hamburger aux asperges mi-minceur, les mini hamburgers aux crevettes poids plume ou les hamburgers minceur mordent à picorer! Et pourquoi ne pas essayer les mini muffins burger au concombre? A moins d'opter pour les champions du régime, des burgers sans pain, comme un burger à salade ultra léger à croquer, des burgers végétariens sans pain aux aubergines grillées ou des hamburgers aux champignons sans pain léger. Quant au sandwich burger, il choisit du vrai pain avec des steaks d'épinards et un soupçon de brocoli!

Pour les gourmets qui préfèrent les vrais hamburgers, il reste à opter pour une garniture poids plume et des portions limitées. À moins de 300 calories, nous

mordons dans des hamburgers végétariens aux légumes

grillés, des hamburgers légers sans viande à la

betterave ou des hamburgers diététiques au poulet et

tatziki. Plus d'idées? On n'a pas encore parlé de

burgers de poitrine de poulet minceur, des burgers aux

tortillas végétariennes aux tomates, des burgers aux

légumes méditerranéens ou d'exprimer comment les

burgers Dukan ...

Lightning Source UK Ltd.
Milton Keynes UK
UKHW020658130521
383647UK00001B/121